# DISCOURS

## DE M. BAILLY, MAIRE, A LA REINE.

MADAME,

NOUS venons d'exprimer au meilleur des Rois l'amour & la respectueuse reconnoissance d'un Peuple sensible, qui adore ses vertus. La journée du 4 Février sera mémorable dans notre Histoire; mais le Peuple François n'oubliera point les paroles touchantes que VOTRE MAJESTÉ a adressées aux Députés de l'Assemblée Nationale. Unie de sentimens & de principes avec le Roi, vous-vous joignez à tous les actes de sa justice, de sa bonté & de son amour pour son Peuple. Que le Peuple de Paris ait à VOTRE MAJESTÉ une obligation nouvelle & bien chère; engagez le Roi à se montrer, à visiter sa Capitale, à venir recueillir les bénédictions qui s'attachent à sa personne

& à ſon nom ; &, pour que notre ſatisfaction ſoit complette daignez, Madame, accompagner le Roi avec le Prince que vous élevez pour le bonheur de la France. Que VOTRE MAJESTÉ ſe montre à ce Peuple avec les grâces dont elle eſt ornée, & avec la bonté qui l'accompagne toujours. J'ai été plus d'une fois témoin du bien que vous faites ; devenez, Madame, le témoin d'une juſte & reſpectueuſe ſenſibilité. Vous jouirez comme le Roi ; vous partagerez avec lui l'empire qu'il exerce ſur les cœurs, & le Peuple jouira de la préſence de tout ce qu'il doit aimer.

Et vous, MONSEIGNEUR, auguſte Enfant, je ne doute point que vous n'ayez le reſpect & l'amour filial qui ſuivent une heureuſe & illuſtre naiſſance ; mais, en accompagnant le Roi & la Reine, ce bon Peuple vous donnera encore des leçons d'amour ; &, déjà touché des acclamations de la joie & de la ſenſibilité, vous commencerez la douce habitude d'entendre & de recueillir les bénédictions du Peuple.

## *Réponſe de la REINE.*

Je goûte un nouveau plaiſir à répéter devant vous que je partage tous les ſentimens du Roi; ils ne changeront jamais: aſſûrez-en les Citoyens de Paris, & qu'ils ſachent bien qu'il ne peut y avoir de ſatisfaction pour moi ſans l'attachement & l'amour du Peuple François. Quant à mon Fils, je réponds aujourd'hui pour lui, & j'eſpère que ſes ſentimens juſtifieront un jour mes ſoins.

---

## *EXTRAIT des Délibérations de l'Aſſemblée générale des Repréſentans de la Commune de Paris.*

Du Samedi 6 Février 1790.

LA Députation à la Reine étant de retour, M. le Maire a rendu compte de la manière dont cette Députation avoit été admiſe, & a donné lecture à l'Aſſemblée, tant du Diſcours qu'il avoit adreſſé à la Reine, que de la Réponſe de Sa Majeſté.

Après des applaudissemens unanimes des Membres de l'Assemblée & du Public qui remplissoit les galeries, il a été arrêté que le Discours de M. le Maire & la Réponse de la Reine seront sur-le-champ imprimés & adressés aux soixante Districts.

Signé, *Bailly*, Maire.

*De Machi*, Président.

*Guillot de Blancheville*,<br>
*Bertolio*;<br>
*Charpentier*;<br>
*Chanlaire*;<br>
*Broussonnet*;

Secrétaires.

---

De l'Imprimerie de LOTTIN *l'aîné*, & LOTTIN *de S.-Germain*, Imprimeurs Ordinaires de la VILLE, rue S.-André-des-Arcs (N° 27) 1790.

www.ingramcontent.com/pod-product-compliance
Lightning Source LLC
LaVergne TN
LVHW010335230826
846091LV00009B/3875
*9782011904584*